이 정도 국어는 알아야 초등학생

풀과바람 지식나무 50
이 정도 국어는 알아야 초등학생

1판 1쇄 | 2022년 6월 20일
1판 4쇄 | 2025년 8월 19일

글·그림 | 김남길

펴낸이 | 박현진
펴낸곳 | (주)풀과바람
주소 | 경기도 파주시 회동길 329(서패동, 파주출판도시)
전화 | 031) 955-9655~6
팩스 | 031) 955-9657
출판등록 | 2000년 4월 24일 제20-328호
블로그 | blog.naver.com/grassandwind
이메일 | grassandwind@hanmail.net

편집 | 이영란
디자인 | 박기준
마케팅 | 이승민

ⓒ 글·그림 김남길, 2022

이 책의 출판권은 (주)풀과바람에 있습니다.
저작권법에 의해 보호를 받는 저작물이므로 무단 전재와 복제를 금합니다.

값 13,000원
ISBN 978-89-8389-147-1 73710

※ 잘못 만들어진 책은 구입처에서 바꾸어 드립니다.

제품명 이 정도 국어는 알아야 초등학생	**제조자명** (주)풀과바람	**제조국명** 대한민국	⚠ **주의**
전화번호 031)955-9655~6	**주소** 경기도 파주시 회동길 329		어린이가 책 모서리에
제조년월 2025년 8월 19일	**사용 연령** 8세 이상		다치지 않게 주의하세요.
KC마크는 이 제품이 공통안전기준에 적합하였음을 의미합니다.			

이 정도 국어는 알아야 초등학생

김남길 글·그림

풀과바람

머리글

 예로부터 언어는 탄생하면서 유행을 타고 널리 퍼지는 특성이 있습니다. 그 효과를 확실히 대변해 주는 것이 문자입니다. 문자는 공중에 떠다니는 막연한 언어를 강제로 붙잡아 눈으로 확인시켜 주는 매개물이죠.

 인류는 문자를 기록으로 남기고 전하면서 획기적인 발전을 이루었습니다. 과거의 산업 혁명에서 오늘날의 정보화 시대를 이루기까지, 그 모든 혁명은 모름지기 문자의 힘에서 비롯되었습니다.

 인간은 물론 자연의 소리까지, 한글은 세계에서 가장 많은 발음을 표기할 수 있는 문자입니다. 누가, 언제, 어디서, 무엇을, 왜, 어떻게 만들었는지 창제 기록이 남아 있는 유일한 문자이기도 합니다. 그런 이유로 한글은 세상에서 가장 위대한 문자로 칭송받고 있습니다.

 이처럼 위대한 것과 달리 상대적으로 취약한 부분도 있습니다. 한글이 창제되기 전, 우리나라는 중국의 한자를 받아들여 사용했습니다. 그 결과 우리말에는 한자어가 절반 이상을 차지하고 있습니다. 게다가 영어가 국제적으로 통용되면서 무수한 외래어가 등장하게 되었습니다.

 우리가 사용하는 한자어와 외래어는 문자의 변천사에서 자연스러운 흐름입니다. 그 언어가 좋아서 사용하기보다 의사를 전달하는 데 가장 효과적이고 보편적이기 때문에 쓴 것입니다.

 언어는 말을 주고받을 때 쉽고 빠르게 소통되는 것이 가장 중요합니다. 가령, 엘리베이터는 한자어로 '승강기'라고 합니다. 그렇다면 우리말로 어떻게 말할까요? 특별히 지정하여 만든 말이 없으므로 '사람을 태워 오르락내리락하는 탈것' 정도로 말할 수 있습니다. 이처럼 단어가 되지 않고

사전적으로 풀어쓴 말처럼 됩니다.

한자어와 외래어는 배척의 대상이 아니라 우리 언어로 흡수하는 자세가 중요합니다. 우리 언어로 대처하기가 까다로워서 슬기롭게 받아들여야 합니다.

단지 안타까운 것은 순우리말이 있음에도 굳이 한자어나 외래어를 사용하는 경우입니다. 이유는 단순합니다. 사람들이 순우리말 자체를 잘 몰라서 보편적으로 사용하지 못하는 것입니다.

설령 알고 있더라도 그 말이 어색해서 사용을 꺼리기도 합니다. 예를 들어 '감기'는 한자어이지만 보편적으로 사용합니다. 순우리말로는 '고뿔'이지만, 대부분 잘 모르는 편입니다.

언어는 국가의 힘과 비례합니다. 나라의 힘이 세질수록 언어의 위상도 높아집니다. '먹방', '스킨십', '콩글리시' 등의 신조어는 우리나라에서만 사용하던 말이었습니다. 그러나 지금은 한류 등의 영향으로 신조어가 세계에서 널리 사용되면서 영국 옥스퍼드 영어 사전(OED)에 등재되기도 했습니다.

우리말은 다양한 표현이 가능한 언어로 발달했습니다. 그래서 쉬워 보이면서도 이해하기에 까다로운 면이 있습니다. 이 책은 6장에 걸쳐 우리말의 쓰임에 대해 간략하게 정리해 놓았습니다. 여러분의 우리말 실력 향상에 조금이나마 도움이 되었으면 합니다.

김남길

차례

❶ 소리를 흉내 내는 의성어 --- 10
    동물의 울음소리를 표현하는 의성어 --- 12
    말소리를 흉내 내는 의성어 --- 16
    발소리를 표현하는 의성어 --- 19
    그 밖의 의성어 --- 21

❷ 생김새나 동작을 표현하는 의태어 --- 24
    사람과 동물의 걸음걸이를 표현하는 의태어 --- 26
    모양과 형태를 표현하는 의태어 --- 28
    행동이나 움직임을 표현하는 의태어 --- 32
    사람의 마음이나 상태를 표현하는 의태어 --- 36

❸ 형태는 같지만 뜻이 서로 다른 동형어 --- 38
    풀 - 1. 식물, 풀 2. 접착제, 풀 --- 40
    장 - 1. 시장의 장 2. 담가 먹는 장 --- 42
    말 - 1. 포유동물, 말 2. 입으로 하는 말 --- 44
    배 - 1. 물에 떠다니는 배 2. 몸통의 일부분인 배 3. 과일, 배
         --- 46
    사과 - 1. 과일, 사과 2. 용서를 비는 사과 --- 48
    밤 - 1. 열매로 먹는 밤 2. 어두운 밤 --- 50

김 - 1. 액체가 열을 받아서 기체로 변한 김 2. 바다에서 자라는 해조류, 김 --- 52

눈 - 1. 하늘에서 내리는 차가운 눈 2. 세상을 보는 눈 --- 54

벌 - 1. 잘못하거나 죄를 지은 이에게 주는 벌 2. 곤충, 벌 --- 56

다리 - 1. 시설물, 다리 2. 사람이나 동물의 신체, 다리 --- 58

④ **본뜻과 다르게 쓰이는 관용어** --- 60
  생활 속 관용어 --- 62
  신체와 관련된 관용어 --- 68
  음식과 관련된 관용어 --- 75

⑤ **알고 보니 순우리말** --- 80
  미리내 --- 82
  시나브로 --- 84
  품앗이 --- 85
  아름드리 --- 86
  모꼬지 --- 86
  나들목 --- 87
  가람 --- 88

차례

노고지리 --- 88
헹가래 --- 89
덤터기 --- 90
꺼병이 --- 90
길라잡이 --- 91
개평 --- 91
자맥질 --- 92
고수머리 --- 92
고뿔 --- 93

❻ 생활 철학이 담긴 속담 --- 94
천 리 길도 한 걸음부터 --- 96
서당 개 삼 년이면 풍월을 읊는다 --- 97
세 살 적 버릇이 여든까지 간다 --- 98
발 없는 말이 천 리 간다 --- 99
아니 땐 굴뚝에 연기 날까 --- 100
식칼이 제 자루를 못 깎는다 --- 101
게으른 선비 책장 넘기기 --- 102
빈 수레가 요란하다 --- 103
가는 날이 장날이다 --- 104

물은 건너 보아야 알고 사람은 지내 보아야 안다 --- 105
겨울바람이 봄바람보고 춥다 한다 --- 106
가는 말이 고와야 오는 말이 곱다 --- 107
저승길과 뒷간은 대신 못 간다 --- 107
기와 한 장 아끼다가 대들보 썩힌다 --- 108
굼벵이도 구르는 재주가 있다 --- 109

국어 관련 상식 퀴즈 --- 110

1 소리를 흉내 내는 의성어

'의성어'는 사람, 동물, 사물의 소리를 흉내 내어 표현한 말이에요. 듣는 사람에 따라 표기가 달라질 수 있지만, 여기서는 일반적으로 사용하는 의성어로 문장을 꾸몄습니다.

의성어는 말이 반복되는 특징이 있으며, 문장 안에서 생동감 있게 느낌을 전달해요. 일기를 쓰거나 글짓기를 할 때 적절히 사용하면 현장감이 있는 장면을 연출할 수 있습니다.

특히 의성어에 문장 부호인 큰따옴표를 붙이면 그 효과가 더욱 두드러지게 나타나요. 짧은 문장들을 보며 의성어의 쓰임에 대해 알아볼까요?

동물의 울음소리를 표현하는 의성어

"야옹야옹", "음매음매", "꼬끼오"와 같이 동물의 울음소리를 흉내 낸 말들을 찾아봐요. 의성어를 사용하면 내용을 더욱 재미있고 실감 나게 표현할 수 있어요.

도둑이 담을 넘자 개가 **컹컹** 짖습니다.

제비들이 전깃줄에 앉아서 **지지배배** 노래 부릅니다.

어미 고양이가 **야옹야옹** 새끼들을 부릅니다.

팔려 가는 소가 **음매음매** 웁니다.

염소 새끼가 젖 달라고 **매매** 웁니다.

밤마다 소쩍새가 구슬프게 **소쩍소쩍** 웁니다.

개울가에서 개구리들이 **개굴개굴** 노래를 부릅니다.

우리말 풀이

㊀ **소쩍새** : 올빼밋과의 여름새. 민간에서는 소쩍새가 '소쩍소쩍' 울면 흉년이 들고, '소쩍다 소쩍다' 울면 풍년이 든다고 했다. '소쩍다'를 '솥이 작으니 큰 솥 준비하라'는 뜻으로 여긴 것이다.

참매미가 느티나무에서 **맴맴** 웁니다.

참새가 아침부터 **짹짹** 수다를 떱니다.

바닷가에서 갈매기들이 **끼룩끼룩** 날아다닙니다.

말소리를 흉내 내는 의성어

아기가 혼잣말로 자꾸 **옹알옹알** 재깔입니다.

민수가 나만 알아듣게 귓속말로 **소곤소곤** 말합니다.

두 친구는 눈치를 보며 **속닥속닥** 말을 주고받습니다.

우리 반 단짝 둘이 수다스럽게 **재잘재잘** 떠듭니다.

우리말 풀이

- 순 **재깔이다** : 나직한 소리로 약간 떠들썩하게 이야기하다.
- 순 **소곤소곤** : 남이 알아듣지 못하도록 작은 목소리로 조용조용 이야기하는 소리 또는 그 모양을 나타낸 말.

시장은 소란스럽게 지껄이는 소리로 **왁자지껄** 시끄럽습니다.

술에 취한 아저씨가 하늘을 향해 **쩌렁쩌렁** 소리를 지릅니다.

마당에 모인 사람들끼리 **웅성웅성** 떠듭니다.

우리말 풀이

- 순 **왁자지껄** : 여러 사람이 정신이 없도록 시끄럽게 떠들고 지껄이는 소리 또는 그 모양을 나타낸 말.
- 순 **쩌렁쩌렁** : 목소리가 자꾸 크고 높게 울리는 소리 또는 그 모양을 나타낸 말. 얇은 쇠붙이 같은 것이 서로 부딪쳐 짧게 울리는 소리를 나타내는 말이기도 하다.
- 순 **웅성웅성** : 여러 사람이 모여서 소란스럽게 수군거리며 자꾸 떠드는 소리 또는 그 모양을 나타낸 말.

발소리를 표현하는 의성어

그는 묵직한 발걸음으로 복도를 **저벅저벅** 걸어갑니다.

낙엽을 밟았더니 **바삭바삭** 소리가 납니다.

무릎까지 차는 개울물을 **첨벙첨벙** 건넙니다.

엄마의 하이힐 소리가 **또각또각** 또렷하게 들립니다.

모래밭을 걸을 때 **사박사박** 소리가 납니다.

눈을 밟을 때마다 **뽀드득뽀드득** 소리가 납니다.

아이들이 까불며 마룻바닥을 **우당탕** 뛰어다닙니다.

우리말 풀이

- **저벅저벅** : 발을 크고 묵직하게 내디디며 잇따라 걷는 소리 또는 그 모양을 나타낸 말.
- **사박사박** : 모래나 눈을 잇따라 가볍게 밟는 소리 또는 그 모양을 나타낸 말. 배나 사과, 바람이 든 무 등을 가볍게 자꾸 씹는 소리 또는 그 모양을 나타내는 말이기도 하다.
- **우당탕** : 잘 울리는 바닥에 물건이 요란스럽게 떨어지거나 널마루에서 요란스레 뛸 때 나는 소리를 나타낸 말.

그 밖의 의성어

기차가 **덜커덩덜커덩** 천천히 이동합니다.

아빠가 **드르렁드르렁** 코를 곱니다.

감기에 걸린 아이가 **콜록콜록** 기침합니다.

내 친구는 급하게 우유를 **벌컥벌컥** 마십니다.

현지가 소리를 죽여가며 **키득키득** 웃습니다.

동생이 콧물과 눈물을 손으로 훔치며 **훌쩍훌쩍** 웁니다.

유리창이 돌에 맞아 **쨍그랑** 깨집니다.

라면을 **후루룩** 맛있게 먹습니다.

나뭇가지가 벼락을 맞아 **우지끈뚝딱** 부러집니다.

깊은 잠에 빠진 동생이 **쿨쿨** 잘도 잡니다.

오이를 베어 물 때마다 **아삭아삭** 소리가 납니다.

새들이 **푸드덕** 날갯짓하며 날아갑니다.

물레방아에서 곡식을 찧는 소리가 **쿵덕쿵덕** 들려옵니다.

우리말 풀이

- ㉿ **덜커덩덜커덩** : 크고 단단한 물건이 자꾸 부딪쳐 울리는 소리를 나타낸 말.
- ㉿ **후루룩** : 적은 양의 액체나 국수 따위를 야단스럽게 빨리 들이마시는 소리 또는 그 모양을 나타낸 말. 새가 날개를 가볍게 치며 갑자기 날아가는 소리 또는 그 모양을 나타낸 말이기도 하다.

아침을 맛있게 **냠냠** 먹습니다.

저 멀리서 북소리가 **둥둥** 울려 퍼집니다.

자동차들이 빠르게 **부릉부릉** 도로를 달립니다.

아빠가 옷을 힘차게 흔들어 먼지를 **탈탈** 텁니다.

아저씨가 짐을 메고 **끙끙** 소리를 내며 언덕을 올라갑니다.

시계 초바늘 달리는 소리가 **똑딱똑딱** 들립니다.

뚝배기의 찌개가 **보글보글** 끓습니다.

프라이팬에서는 **지글지글** 부침개가 익고 있습니다.

그는 큰 소리로 목 놓아 **엉엉** 웁니다.

소가 단단하고 질긴 풀을 **우적우적** 씹어 먹습니다.

산 정상에 오르자마자 **할딱할딱** 가쁜 숨을 몰아쉽니다.

굴착기가 집 한 채를 **와장창** 무너뜨렸습니다.

우리말 풀이

- 순 **우적우적** : 단단하고 질긴 물체를 마구 깨물어 씹을 때 나는 소리 또는 그 모양을 나타낸 말. 매우 단단한 물체가 자꾸 갑자기 부서지거나 무너질 때 나는 소리 또는 그 모양을 나타낸 말이기도 하다.
- 순 **할딱할딱** : 숨을 자꾸 가쁘고 급하게 쉬는 소리 또는 그 모양을 나타낸 말. 신발이 할가워서 계속 벗겨지는 모양을 나타내는 말이기도 하다.

2 생김새나 동작을 표현하는 의태어

의태어는 사람, 동물, 사물의 생김새나 움직임을 그럴듯하게 흉내 낸 말이에요. 의태어를 사용하면 말하고자 하는 내용을 더욱 실감 나고 재미있게 효과적으로 표현할 수 있어요.

또한 의태어를 알맞은 때와 꼭 알맞은 자리에 사용하면 주인공이나 배경의 상태를 쉽게 전달할 수 있죠.

의성어와 더불어 순우리말로 된 의태어는 문장 속에서 읽기 좋게 리듬감을 살려 주기도 해요. 다음의 문장들을 보고 의태어가 어떻게 쓰이는지 알아봐요.

사람과 동물의 걸음걸이를 표현하는 의태어

강도는 아무도 눈치채지 못하게 **살금살금** 움직입니다.

아기가 두 다리로 서툴게 **아장아장** 걷습니다.

호랑이가 먹이를 찾아 **어슬렁어슬렁** 돌아다닙니다.

오빠는 여유롭게 징검다리를 **겅중겅중** 건넙니다.

동생은 형이 가는 대로 **쫄래쫄래** 따라다닙니다.

오리가 엉덩이를 실룩이며 **뒤뚱뒤뚱** 걷습니다.

기린은 큰 걸음으로 **성큼성큼** 걷습니다.

선비는 팔다리를 크게 움직이며 **휘적휘적** 걷습니다.

달팽이는 움직임이 둔해서 **느릿느릿** 이동합니다.

거북이 네 발로 **엉금엉금** 기어 다닙니다.

우리말 풀이

- 순 **징검다리** : 개울이나 물이 괸 곳에 돌이나 흙더미를 드문드문 놓아 그것을 디디고 건널 수 있게 만든 다리.
- 순 **경중경중** : 긴 다리를 모으고 계속 힘 있게 솟구쳐 뛰는 모양을 나타낸 말.
- 순 **실룩이다** : 근육의 한 부분이 한쪽으로 비뚤어지거나 기울어지게 움직이다.
- 순 **엉금엉금** : 큰 동작으로 느리게 걷거나 기는 모양을 나타낸 말.

모양과 형태를 표현하는 의태어

굴뚝에서 매캐한 연기가 **모락모락** 피어오릅니다.

큰 강이 물줄기를 따라 **굽이굽이** 휘어져 있습니다.

바위에 따개비들이 **다닥다닥** 붙어 있습니다.

사과나무에 사과가 **대롱대롱** 매달려 있습니다.

물건들이 한꺼번에 쏟아져 **뒤죽박죽** 섞여 버립니다.

인부들이 포대 자루를 창고에 **차곡차곡** 쌓아놓습니다.

새싹이 쥐도 새도 모르게 **파릇파릇** 돋아납니다.

잎사귀에 아침 이슬이 **송알송알** 맺힙니다.

우리말 풀이

- **굽이굽이** : 여러 굽이로 구부러지는 모양을 나타낸 말.
- **따개비** : 새우나 게와 같은 절지동물로, 바닷가 바위나 배, 바다거북의 몸 등에 들러붙어 일생을 보낸다.
- **쥐도 새도 모르게** : '감쪽같이 행동하거나 처리하여 아무도 그 경위나 행방을 모르게'라는 뜻의 관용어.

단풍이 아름답게 **울긋불긋** 물듭니다.

불린 목이버섯에서 **야들야들** 윤기가 돕니다.

설날에 가족이 **옹기종기** 모여 앉아 떡국을 먹습니다.

강아지 털이 **복슬복슬** 탐스럽게 자랍니다.

잘 닦인 아버지의 구두가 **반짝반짝** 빛납니다.

함박눈이 내리는 대로 **소복소복** 쌓입니다.

바닥에 기름이 흘러 **미끌미끌** 위험한 상태가 됩니다.

햇볕이 **쨍쨍** 내리쬐는 여름날입니다.

너무 더워서 이마에 땀방울이 **송골송골** 맺힙니다.

우리말 풀이

- **옹기종기** : 크기가 다른 작은 것들이 고르지 아니하게 많이 모여 있는 모양을 나타낸 말.
- **송골송골** : 땀이나 소름, 물방울 등이 살갗이나 표면에 잘게 많이 돋아나 있는 모양을 나타낸 말.

행동이나 움직임을 표현하는 의태어

알밤이 언덕 아래로 **데굴데굴** 굴러떨어집니다.

모두가 하나가 되어 **덩실덩실** 탈춤을 춥니다.

장대비가 **주룩주룩** 내립니다.

잔잔했던 파도가 **넘실넘실** 물결칩니다.

경주마가 **엎치락뒤치락** 자리다툼하며 힘차게 달립니다.

거지는 **빈둥빈둥** 놀고먹으며 시간을 보냅니다.

누가 자꾸 따라오는 것 같아 **두리번두리번** 살핍니다.

쥐가 감자를 **야금야금** 먹습니다.

물고기들이 주둥이를 내밀고 **뻐끔뻐끔** 숨을 쉽니다.

여자 친구는 머리를 **절레절레** 흔들며 싫다고 합니다.

친구는 너무 화가 나서 온몸을 **부들부들** 떱니다.

우리말 풀이

- 순 **넘실넘실** : 물결 따위가 부드럽게 자꾸 굽이쳐 움직이는 모양을 나타낸 말.
- 순 **엎치락뒤치락** : 연방 엎치었다가 뒤치었다가 하는 모양을 나타낸 말. '뒤치락엎치락'으로 바꿔 쓸 수도 있다.

동생이 다쳤다는 소식을 듣고 **헐레벌떡** 달립니다.

나뭇가지가 바람에 **흔들흔들** 춤을 춥니다.

하이에나는 사냥한 짐승을 **덥석덥석** 뭅니다.

빗줄기가 약한 비가 **보슬보슬** 내립니다.

아저씨는 술에 취해 **비틀비틀** 걸어갑니다.

기분이 너무 좋아서 소리 없이 **싱글벙글** 웃습니다.

봄바람이 **살랑살랑** 불어 머리카락을 날립니다.

너무 기뻐서 제자리에서 **폴짝폴짝** 뜁니다.

누나는 질긴 오징어를 **질경질경** 씹습니다.

할머니는 걷는 것이 힘들어 **쉬엄쉬엄** 걷습니다.

슬픈 영화를 보자 나도 모르게 **그렁그렁** 눈물이 고입니다.

일꾼은 자기 일을 하지 않은 채 **어영부영** 시간을 보냅니다.

그는 일을 하는 둥 마는 둥 **설렁설렁** 움직입니다.

형님은 일을 힘들이지 않고 **사부작사부작** 끝내 버립니다.

우리말 풀이

- 순 **어영부영** : 뚜렷하거나 적극적인 의지가 없이 되는대로 행동하는 모양을 나타낸 말.
- 순 **사부작사부작** : 별로 힘들이지 않고 계속 가볍게 행동하는 모양을 나타낸 말.

사람의 마음이나 상태를 표현하는 의태어

갑자기 정신이 **오락가락** 혼미해집니다.

그 문제는 너무 어려워 **알쏭달쏭** 갈피를 잡을 수 없습니다.

그는 두 눈을 **말똥말똥** 뜬 채 나를 뚫어지게 쳐다봅니다.

아기는 세상모르게 **새근새근** 잘도 잡니다.

온종일 **지끈지끈** 머리가 쑤시고 아픕니다.

배를 탔더니 **울렁울렁** 멀미가 납니다.

우리말 풀이

ⓢ **갈피** : 일이나 사물의 갈래가 구별되는 어름. 겹치거나 포갠 물건의 하나하나의 사이 또는 그 틈을 말하기도 하다.

살얼음판 길이 신경이 쓰여 **조심조심** 걷습니다.

살며시 곁눈질하여 그녀를 **힐끗힐끗** 쳐다봅니다.

소풍을 앞두고 **싱숭생숭** 마음이 들뜹니다.

그는 **얼렁뚱땅** 위기를 넘기려고 합니다.

무서운 생각이 들자 가슴이 **콩닥콩닥** 뜁니다.

누군가 방문을 갑자기 여는 바람에 **화들짝** 놀랍니다.

거짓말이 들통날까 봐 **조마조마** 가슴이 두근거립니다.

첫 공연을 앞두고 가슴이 **두근두근** 뜁니다.

우리말 풀이

순 **싱숭생숭** : 마음이 들떠서 어수선하고 갈팡질팡하는 모양을 나타낸 말.

3 형태는 같지만 뜻이 서로 다른 동형어

동형어란, 동음이의어(소리는 같으나 뜻이 다른 낱말)의 또 다른 말이에요. 보통 하나의 낱말이 두 가지 이상의 다른 뜻으로 쓰여요. 소리만 같을 뿐 낱말의 뜻은 서로 아무 관련이 없지요.

이야기 속에서 동형어가 나타나면 일단은 전체 이야기를 읽어 보는 것이 좋아요. 문맥의 앞뒤를 파악해야 동형어로 사용된 낱말의 정확한 뜻을 알 수 있기 때문이에요. 다음의 이야기들을 읽으며 동형어의 쓰임이 어떻게 다른지 살펴봐요.

🔴 **우리말 풀이** --

- 순 **잠자리**¹ : 「명사」 잠을 자기 위해 사용하는 이부자리나 침대보 등을 통틀어 이르는 말.
- 순 **잠자리**² : 「명사」 몸이 가늘고 배에는 마디가 있고 머리에 커다란 한 쌍의 겹눈을 가진 곤충.
- 한 **부자**¹ : 「명사」 재물이 많아 살림이 넉넉한 사람.
- 한 **부자**² : 「명사」 아버지와 아들을 아울러 이르는 말.
- 한 **모자**¹ : 「명사」 어머니와 아들을 아울러 이르는 말.
- 한 **모자**² : 「명사」 추위나 더위, 먼지 등으로부터 머리를 보호하거나 예의를 차리기 위해 머리에 쓰는 물건.

풀 – ❶ 식물, 풀
　　　❷ 접착제, 풀

　들판에 파릇파릇한 **풀**들이 양탄자처럼 깔려 있습니다. 친구들과 풀밭에서 한참 뛰어놀았습니다. 그사이 진한 풀 냄새가 우리 몸에 배었습니다. 집으로 돌아갈 때 길가의 풀들이 흔들흔들 우리를 배웅해 줍니다.

우리말 풀이 ---

ⓢ **풀**¹ : 「명사」 줄기가 연하고, 물기가 많아 나무질을 이루지 않는 식물을 통틀어 이르는 말.

　새봄을 맞아 어머니와 아버지가 도배를 새로 합니다. 어머니는 도배지에 **풀**을 칠하고 아버지는 그것을 받아 벽에 바릅니다. 나는 풀이 칠해진 도배를 거들어 주는 일을 맡았습니다. 어느새 내 몸에 배어 있던 풀 냄새는 사라지고, 새 벽지에서 나는 풀 냄새가 진득하게 나를 감쌉니다.

🔴 우리말 풀이 --
🟠 순 **풀**² : 「명사」 쌀이나 밀가루 등의 전분으로 만든 접착제의 한 가지. 물건을 붙이거나 피륙에 먹여 빳빳하게 하는 데 쓰인다.

장 – ❶ 시장의 장
　　　❷ 담가 먹는 장

　시골 마을에 **장**이 서는 날입니다. 사방에 흩어져 사는 마을 사람들이 삽시간에 장터로 모여듭니다. 장터는 구경거리가 많습니다. 상인들이 물건 파는 소리, 엿장수의 가위질 소리, 대장간에서 뚝딱거리는 소리, 가축들이 우는 소리 등으로 시끌벅적합니다.

우리말 풀이
순 **장¹** : 「명사」 많은 사람이 모여 여러 가지 물건을 사고파는 곳.

장사꾼 중에는 장날마다 등장해 메주를 파는 털보 아저씨도 있습니다. 그의 메주는 장맛을 내는 데 일품으로 소문이 자자합니다. 오후가 되자 장터는 메주를 사기 위해 모여드는 사람들로 더욱 북적거립니다. 하나같이 맛 좋은 **장**을 담글 수 있다는 기쁨에 발걸음이 가벼워 보입니다.

우리말 풀이

🔹 **장²** : 「명사」 간장의 준말. 또는 간장·된장·고추장을 통틀어 이르는 말.

말 – ❶ 포유동물, 말
　　　❷ 입으로 하는 말

말은 서서 자는 동물입니다. 동물 중에서 가장 잘 달리는 것으로도 유명해요. 말은 평생을 서서 살아야 하니 얼마나 힘이 들까요? 더구나 말은 사람에게 길들어 힘든 일이나 경주를 해야 합니다. 전문가들은 말이 예민해서 함부로 대하면 펄쩍펄쩍 날뛰고 길들지 않는다고 말합니다.

따라서 주인이 자기 말을 제대로 관리하기 위해서는 언제나 말과 교감하는 시간을 가져야 합니다. 수시로 말에게 칭찬의 **말**을 해 주고 쓰다듬어 주어야 해요. 그래야 말이 주인의 말을 잘 따르게 됩니다.

우리말 풀이

- 순 **말¹** : 「명사」 말과의 포유동물. 어깨의 높이는 1.2~1.7미터이며, 머리와 목과 다리가 길고 몸집이 큼.
- 순 **말²** : 「명사」 사람의 생각이나 느낌, 감정을 전달하는 데 쓰는 음성 기호.

배 – ❶ 물에 떠다니는 배
　　❷ 몸통의 일부분인 배
　　❸ 과일, 배

바다에 큰 물결이 일렁일렁 움직입니다. 작은 **배**는 파도에 춤을 추듯이 너울너울 떠다닙니다. 난생처음 고깃배를 탄 선원은 **배** 속이 울렁거립니다. 냉혹한 바다는 초보 어부에게 조금도 적응할 여유를 주지 않았습니다. 풋내기 선원은 급기야 배를 붙잡고 멀미했습니다.

배가 항구에 닿았을 때, 풋내기 선원은 기다시피 하여 배에서 탈출했습니다. 그때 선장의 부인이 그 선원에게 **배** 하나를 건넸습니다. 선원은 배를 먹고 나서야 비로소 속이 가라앉았습니다.

우리말 풀이
- 순 **배¹** : 「명사」 물 위에 떠다니며 사람이나 짐 따위를 실어 나르게 만든 탈것.
- 순 **배²** : 「명사」 사람이나 동물의 몸에서 위장 따위가 들어 있는 가슴과 엉덩이 사이의 부위.
- 순 **배³** : 「명사」 배나무의 열매.

사과 – ❶ 과일, 사과
　　　　❷ 용서를 비는 사과

　과수원의 **사과**들이 풍성하게 익어 갑니다. 우리는 길을 가다 멈추고 주위를 두리번거렸습니다. 금세 입 안에 침이 고입니다. 누가 먼저라고 할 것이 없이 사과밭을 향해 후다닥 뛰어들었지만, 주인이 나타나는 바람에 우리는 꼼짝없이 붙잡혔습니다.

　주인은 힘들게 농사지은 수확물을 도둑질하는 것은 큰 죄라고 꾸짖었습니다. 더구나 사과를 한 개라도 땄더라면 사과밭을 통째로 물어 줘야 했을 거라며 겁을 주었습니다.

우리말 풀이
㉠ **사과**[1] : 「명사」 사과나무의 열매.

　우리는 주인에게 손이 발이 되도록 싹싹 빌며 용서를 구했습니다. 정말이지 닭똥 같은 눈물을 뚝뚝 흘리며 **사과**했습니다. 우리의 진심이 통했는지 농부는 우리에게 잘 익은 사과를 한 개씩 건네며 이렇게 당부했습니다.

　"다음에는 절대 남의 사과를 훔치지 말아라. 괜히 걸려서 사과하는 일이 없도록 해야지."

🔴 우리말 풀이 ---
🔵 **사과**² : 「명사」 자기의 잘못에 대하여 용서를 빎.

밤 – ❶ 열매로 먹는 밤
❷ 어두운 밤

저녁을 먹고 난 뒤 배가 출출해졌습니다. 누나가 선뜻 **밤**을 구워주겠다고 했습니다. 누나는 잠자코 양면 프라이팬에 밤을 넣은 뒤 타이머를 돌렸습니다. 잠시 뒤, 양면 프라이팬 안에서 밤이 펑펑 터지는 소리가 났습니다. 요란한 소리에 놀라 누나와 나는 얼른 방 안으로 몸을 숨겼습니다.

바깥은 어두운 **밤**이고, 부모님은 외출해서 더욱 무서웠습니다. 양면 프라이팬에서는 한동안 밤 터지는 소리가 요란하게 펑펑 울려 퍼졌습니다.

부모님이 돌아와서야 겨우 모든 문제가 수습되었습니다. 밤의 밑동을 칼로 자른 뒤에 굽지 않으면 뜨거워진 밤은 수분을 증발시키지 못하고 팽창하다가 결국에는 터져 버린다고 해요.

우리말 풀이
- 순 **밤¹** : 「명사」 밤나무의 열매.
- 순 **밤²** : 「명사」 해가 져서 어두워진 때부터 다음 날 해가 떠서 밝아지기 전까지의 동안.

김 – ❶ 액체가 열을 받아서 기체로 변한 김
  ❷ 바다에서 자라는 해조류, 김

압력 밥솥에서 뜨거운 **김**이 쉭쉭 솟아올랐습니다. 엄마는 양푼에 밥을 따로 퍼서 참기름과 맛소금으로 간을 했습니다. 이어서 바닥에 **김**을 깔고 그 위로 고슬고슬한 밥을 얹었습니다. 이제 밥 위로 단무지, 달걀지단, 햄, 시금치, 당근 등을 차례차례로 올리고 김을 돌돌 맙니다. 드디어 김밥이 완성되었습니다.

엄마는 야무지게 뭉쳐진 김밥을 칼로 뚝뚝 썰어 접시 위에 가지런히 올려놓았습니다. 때맞춰 어묵탕 냄비도 바쁘게 김을 뿜고 있었습니다. 엄마가 차려 준 김밥과 어묵탕은 정말 맛이 좋았습니다!

우리말 풀이

- 김[1]: 「명사」 액체가 열을 받아서 된 기체.
- 김[2]: 「명사」 홍조류 보라털과의 해초. 검은 자주색이나 붉은 자주색을 띠고 바닷속 바위에 이끼처럼 붙어 자라는데 식용으로 널리 양식한다.

눈 – ❶ 하늘에서 내리는 차가운 눈
❷ 세상을 보는 눈

눈이 내리는 세상은 아름답습니다. 쌓인 눈을 보면 눈이 부십니다. 눈은 우리 마음을 포근하게 감싸 주는 이불 같은 존재입니다. 미끄러운 눈길을 걸으면 뽀드득뽀드득 기분 좋은 느낌이 듭니다. 마냥 즐겁고 신이 납니다.

하지만 눈 때문에 피해가 생기는 경우도 많이 있습니다. 쌓인 눈 때문에 비닐하우스나 집이 무너지기도 하고, 길이 미끄러워 자동차끼리 서로 충돌해 큰 사고로 이어지기도 합니다.

우리말 풀이

- 눈¹ : 「명사」 대기 중의 수증기가 찬 기운을 만나 얼어서 땅에 내리는 얼음의 결정체.
- 눈² : 「명사」 사람이나 동물이 빛의 자극을 받아 물체를 볼 수 있는 감각 기관.

벌 – ❶ 잘못하거나 죄를 지은 이에게 주는 벌
❷ 곤충, 벌

왕은 반역자들에게 달콤한 **벌**을 내리겠다고 알렸습니다. 반역자들은 어리둥절하면서도 왕이 가벼운 벌을 내릴지 모른다는 생각에 마음이 한껏 부풀었습니다.

그러나 왕은 자기를 죽이려고 역모를 꾸민 자들에게 자비를 베풀 마음이 없었습니다. 왕이 생각한 벌은 달콤하기보다 고통스러운 벌이었습니다.

왕은 반역자들의 옷을 벗기고 온몸에 끈적끈적한 꿀을 바르라 명했습니다. 곧이어 **벌** 떼가 앵앵 날아들어 죄인들의 몸에 쉼 없이 달라붙었습니다. 반역자들은 벌들에게 쏘이며 종일 살려달라고 비명을 질렀습니다.

🔴 **우리말 풀이**

🔵 **벌¹** : 「명사」 잘못하거나 죄를 지은 사람에게 주는 고통.
🟢 **벌²** : 「명사」 벌목의 곤충 가운데 개미류를 제외한 것을 통틀어 이르는 말. 곤충 중에서 가장 큰 무리로 전 세계에 12만 종 이상이 분포하는데 꿀벌과, 송곳벌과, 호박벌과, 맵시벌과, 말벌과 따위가 있다.

다리 – ❶ 시설물, 다리
❷ 사람이나 동물의 신체, 다리

날씨는 쾌청하고 강바람은 시원했습니다. 마라톤 선수들이 차례차례 **다리**를 건넙니다. 선수들은 하나같이 가벼운 몸놀림으로 두 **다리**를 경쾌하게 움직였습니다.

선두 그룹에서 갑자기 204번 선수가 쓰러집니다. 그는 다리에 쥐가 나는 바람에 즉시 응급 치료를 받습니다. 그사이 나머지 선수들은 모두 다리를 건넙니다. 지금 다리 위에 누워 있는 사람은 오직 다리에 쥐가 난 204번 선수뿐입니다.

우리말 풀이

- 순 **다리¹** : 「명사」 물을 건너거나 한편의 높은 곳에서 다른 편의 높은 곳으로 건너다닐 수 있도록 만든 시설물.
- 순 **다리²** : 「명사」 사람이나 동물의 몸통 아래 붙어 몸을 받치며, 서거나 걷거나 뛰거나 하는 기능을 가진 신체의 부분.

4 본뜻과 다르게 쓰이는 관용어

　관용어는 두 개 이상의 낱말이 합쳐져 본래의 말뜻과는 전혀 다르게 새로운 뜻으로 굳어져서 쓰이는 단어나 구절을 말합니다. 예로부터 일상생활에서 습관적으로 쓰면서 자연스럽게 굳어진 말들이 많지요. 보통 상대방에게 하고자 하는 말을 직설적으로 하기보다는 에둘러 표현할 때 자주 쓰입니다. 관용어를 적절히 배워서 사용하면 말솜씨가 좋아집니다. 예문을 통해 그 쓰임을 살펴볼까요.

우리말 풀이

관 **가방끈이 짧다** : '많이 배우지 못해 학력이 낮다'는 뜻의 관용어.
관 **발 벗고 나서다** : '적극적으로 나서다'는 뜻의 관용어.
관 **눈에 넣어도 아프지 않다** : '매우 귀엽다'는 뜻의 관용어.

생활 속 관용어

관 **첫 삽을 뜨다 :** 건설 사업이나 그 밖에 어떤 일을 처음 시작하다.

(예) 체육관을 짓기 위해 첫 삽을 떴습니다.

관 **재를 뿌리다 :** 일, 분위기 따위를 망치거나 훼방을 놓다.

(예) 소풍날에 소나기가 한바탕 재를 뿌렸습니다.

🔴 **된서리를 맞다 :** 모진 재앙이나 억압을 당하다.

(예) 코로나가 퍼지자 많은 사람이 된서리를 맞았습니다.

🔴 **뿌리를 뽑다 :** 어떤 것이 생겨나고 자랄 수 있는 근원을 없애 버리다.

(예) 경찰은 깡패의 두목을 체포하여 조직의 뿌리를 뽑아 버렸습니다.

관 **가면을 쓰다** : 속마음을 감추고 겉으로는 그렇지 않은 것처럼 꾸미다.

(예) 그는 평생 가면을 쓴 채 남들을 속이며 살아왔습니다.

관 **붓을 꺾다** : 글 쓰는 사람이 문필 활동을 그만두다.

(예) 기자는 신문사를 그만두는 동시에 붓을 꺾었습니다.

관 **볼 장 다 보다** : 일이 틀어지거나 실패하다.

(예) 영화표를 예매해 놓았는데, 친구가 연락도 없이 나타나지 않아 볼 장 다 보고 말았습니다.

원래는 시장에 가서 사고 싶은 것을 다 샀기 때문에 장을 더 보지 않아도 된다는 의미를 가지고 있었습니다. 요즘은 처리해야 할 일을 하지 못했다는 뜻으로 널리 쓰입니다.

🔴 **시치미를 떼다 :** 자기가 하고도 하지 아니한 체하거나 알고 있으면서도 모르는 체하다.

(예) 민이가 분명 내 연필을 가지고 있는 것을 보았는데, 녀석은 모르는 일이라며 시치미를 딱 뗐습니다.

시치미는 매 주인의 이름과 주소가 적혀 있는 꼬리표입니다. 매로 꿩을 사냥하던 시절에 주인은 자기가 풀어놓은 매가 행여나 돌아오지 않을 때를 대비하여 매의 꼬리에 시치미를 달아놓았습니다. 그런데도 매는 가끔 다른 사람의 손아귀에 들어가 시치미를 떼이는 일이 일어났습니다.

잃어버린 매가 시치미를 떼이면 원주인은 자기의 매를 찾아도 데려갈 도리가 없었습니다. 매를 주운 자가 원주인의 시치미를 떼고 자기의 시치미를 붙여놓는 경우가 허다했기 때문입니다. 모르는 척하고 잡아뗀다는 뜻의 '시치미를 떼다'는 그렇게 유래되었습니다.

신체와 관련된 관용어

관 **눈이 높다** : 가리는 수준이 높아 하찮은 것은 거들떠보지 않는다.

(예) 누나는 눈이 높아 웬만한 남자는 거들떠보지도 않습니다.

관 **눈 딱 감다** : 남의 허물 따위를 보고도 못 본 체하다.

(예) 내가 숙제 해 오지 않은 것을 선생님이 눈 딱 감아 주었습니다.

관 **길눈이 어둡다** : 가 본 길을 잘 찾아가지 못할 만큼 길을 잘 기억하지 못하다.

(예) 내 친구는 길눈이 어두워 서너 번 다녀간 우리 집도 못 찾습니다.

관 **콧방귀를 뀌다** : 남의 말을 대수롭지 않게 여기며 들은 체 만 체 말대꾸를 아니 하다.

(예) 그녀는 내 말을 무시한 채 콧방귀를 뀌었습니다.

🔴 **입이 짧다 :** 음식을 적게 먹거나 가려서 먹는다.

(예) 나는 입이 짧아서 편식하는 편입니다.

🔴 **입이 질다 :** 말을 수다스럽게 많이 하는 버릇이 있다.

(예) 혜진은 입이 질어서 아무한테나 남의 비밀을 털어놓습니다.

🔴 **귀에 못이 박히다** : 같은 말을 여러 번 듣다.

(예) '공부하라'는 엄마의 말을 귀에 못이 박히도록 들었습니다.

🔴 **손이 크다** : 돈의 씀씀이가 크고 인심이 후하다.

(예) 손 큰 삼촌이 우리 가족을 비싼 호텔 뷔페에 초대했습니다.

🔴 **손이 빠르다** : 일 처리가 빠르다.

(예) 엄마는 손이 빨라 맛있는 음식을 뚝딱 차려냅니다.

🔴 **손바닥 뒤집듯** : 태도를 갑자기 또는 노골적으로 바꾸기를 아주 쉽게.

(예) 회장은 회의를 내일로 미루자며 일정을 손바닥 뒤집듯이 바꾸었습니다.

🔴 **발을 끊다 :** 오가지 않거나 관계를 끊다.

(예) 빚쟁이는 이사 간 뒤로 나와 발을 끊었습니다.

🔴 **발이 넓다 :** 사귀어 아는 사람이 많아 활동하는 범위가 넓다.

(예) 장사꾼은 발이 얼마나 넓은지 모르는 사람이 없었습니다.

관 **뼈를 깎다** : 몹시 견디기 어려울 정도로 고통스럽다.

(예) 마라톤 대회에 참가하기 위해 뼈를 깎는 훈련을 했습니다.

관 **뼈를 묻다** : 하는 일에 정성을 다해 평생을 바치다.

(예) 도공은 뼈를 묻는 마음으로 도자기를 정성껏 구웠습니다.

음식과 관련된 관용어

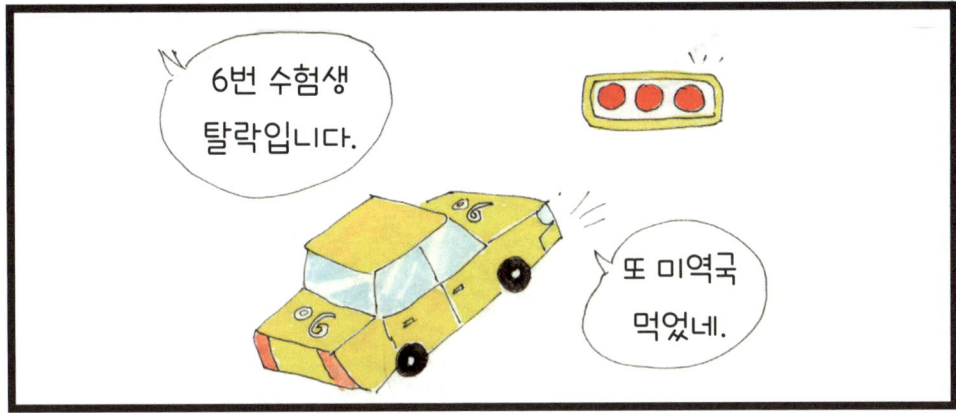

관 **미역국을 먹다 :** (비유적으로) 시험에서 떨어지다.

(예) 자동차 운전면허 시험에서 또 미역국을 먹었습니다.

관 **군침을 삼키다 :** 이익이나 재물을 보고 몹시 탐을 내다.

(예) 도둑은 금고 속에 있는 금두꺼비에 군침을 삼켰습니다.

🔖 **죽을 쑤다** : 어떤 일을 망치거나 실패하다.

(예) 날밤을 새우고 공부했지만 시험은 죽을 쓰고 말았습니다.

🔖 **국물도 없다** : 돌아오는 몫이나 이득이 아무것도 없다.

(예) 이삿짐을 날라 줬는데 자장면은커녕 국물도 없었습니다.

🔴 **떡고물이 떨어지다** : 부수적인 이익이 생겨나다.

(예) 심부름하고 난 뒤에는 언제나 떡고물이 떨어졌습니다.

🔴 **날로 먹다** : 힘들이지 않고 어떤 것을 차지하다.

(예) 마트 이벤트 행사에서 세탁기를 날로 먹게 되었습니다.

🔴 **말짱 도루묵 :** 아무 소득이 없는 헛된 일이나 헛수고.

(예) 폭설로 한라산 등반이 취소되는 바람에 그동안 계획했던 노력이 말짱 도루묵 되고 말았습니다.

이 말의 유래는 조선 시대로 거슬러 올라가요. 임진왜란 때 피난길에 신하들은 선조에게 '묵'으로 불리는 생선을 바쳤어요. 선조는 묵을 맛보고는 그 맛에 감탄하며 묵을 '은어'라 부르도록 했어요.

이윽고 전쟁이 끝나자 선조는 궁에 돌아와 다시 묵을 맛보게 되었죠. 그런데 그 맛이 피난 때와는 달리 형편없었어요. 선조는 신하에게 생선의 이름을 은어 대신에 다시 도로 묵으로 부르라고 명령했어요. '도로 묵'은 '도루묵'이 되어 전해졌고, '속속들이 모두'의 뜻을 가진 말짱이라는 말이 붙어 애써 했던 일을 망쳤거나 헛수고했을 때 이 관용어를 사용한답니다.

은어로 부르거라.

5 알고 보니 순우리말

　순우리말은 예로부터 우리나라 사람들이 써 온 말이에요. 우리말 중에서 고유어만을 이르기도 하고, 넓은 범위로 사투리까지 포함되기도 해요. 즉, 한자로 변환되지 않는 어휘들이 바로 순우리말이에요.

　한편 순우리말에서 '순(純)'은 한자어이고, 우리말은 고유어입니다. 그럼 순우리말에 어떤 어휘들이 있는지 알아볼까요?

🔸 **미리내** : 하늘의 별들이 물결을 이루듯이 아름답게 수놓아져 있는 은하수. '은하수'의 방언(제주).

옛 조상들은 용을 '미르'라고 불렀고, 은하수는 마치 '용이 노니는 시내와 같다'고 생각했어요. 그런 까닭에 은하수를 일러 미리내라고 불렀답니다.

"망원경으로 미리내를 자세히 관찰하다 보면 흥미로운 것들을 발견할 수 있단다."

"선생님, 별똥 하나가 미리내 사이를 쏜살같이 지나가고 있어요!"

🔴순 **시나브로 :** 모르는 사이에 조금씩 조금씩.

어떤 일이나 사건이 아주 천천히 진행되는 것을 나타내는 말로, 동사 앞에 쓰여 그 움직임을 꾸며 주는 역할을 해요.

"밤새 하얀 눈이 온 천지에 시나브로 쌓였지 뭐야."

"그 눈은 해가 중천에 뜨자마자 시나브로 녹고 있어요."

🔴 **우리말 풀이**
🔵한 **동사 :** 움직씨. 사람이나 사물의 동작이나 작용을 나타내는 말.

🔴 **품앗이** : 힘든 일을 서로 거들어 주면서 품을 지고 갚고 하는 일.

일하다란 뜻의 '품'과 교환한다라는 뜻의 '앗이' 결합한 말이에요. 역사적으로 아주 오래된 농촌의 관행으로 농번기 때 마을 사람들이 집집이 돌아가며 농사일을 거들어 주던 노동 교환 방식이지요.

"품앗이로 모내기해야 하니 동네 사람들은 모두 모이시오!"

"얼씨구! 품앗이 때는 막걸리 한 잔도 맛이 최고지!"

🔴순 **아름드리 :** 둘레가 한 아름이 넘는 것을 나타내는 말.

"그 숲에는 100년 이상 된 아름드리 소나무가 빽빽이 차 있어요."

"우와, 울창한 아름드리 소나무 숲을 빨리 가 보고 싶어요."

🔴순 **모꼬지 :** 놀이나 잔치, 그 밖의 일로 여러 사람이 모이는 일.

"수희야, 다음 달 모꼬지는 셋째 주 수요일에 하기로 했어."

"그날 모꼬지 때 갈 수 있을지 모르겠네요."

🔴 **나들목** : 도로나 철도 등에서, 사고가 일어나거나 교통이 지체되는 것을 막기 위해 교차 지점에 입체적으로 만들어서 신호 없이 다닐 수 있도록 한 시설.

'나간다'와 '들어간다'라는 뜻을 지닌 '나들-'과, 사람이나 짐승이 잘 지나다니는 길의 부분을 가리키는 말인 '목'이 합쳐진 단어예요. '인터체인지'와 같은 말로, 일반 도로에서 고속도로로 진출입하는 의미가 담겨 있어요.

"교통 방송입니다. 경부고속도로 하행선에서 추돌 사고가 나는 바람에 오산나들목의 정체가 심해졌습니다. 그쪽으로 이동하시는 운전자분들은 오산나들목을 피하여 우회하시는 편이 좋겠습니다."

🔴순 **가람** : 강

"옛말로 가람은 강이고 뫼는 산이라고 들었어요."

"그렇단다. 요즘은 가람과 뫼 같은 옛말을 거의 사용하지 않고 있지."

🔴순 **노고지리** : 종달새(종다리)의 옛말.

"봄이 오면 종달새가 들판을 날아다니며 봄노래를 불러요."

"누가 뭐래도 종달새는 봄을 몰고 오는 전령이니까요."

🔴 **헹가래** : 사람의 몸을 번쩍 들어 올렸다 받았다 하는 일.

원래는 삽처럼 생긴 가래에 줄을 묶어 흙을 퍼 올리는 노동에서 유래했어요. 주로 경기에서 이겼을 때나 기쁘고 좋은 일이 있는 사람을 축하할 때 해요.

"이 우승은 모두 감독님 덕분이야. 헹가래 쳐 드리자."

"난생처음 헹가래를 받아 보니 기분이 좋구나!"

🔴순 **덤터기** : 남에게 넘겨씌우거나 남에게서 넘겨받은 허물이나 걱정거리. 또는 억울한 누명이나 오명.

"화난다, 화나! 글쎄 그놈은 자기가 똥 누고 변기가 막히니까 나한테 무작정 덤터기를 씌웠어."

"몰랐구나? 그 녀석은 원래 낯짝이 두꺼워서 남한테 덤터기를 잘 씌워."

🔴순 **꺼병이** : 꿩의 어린 새끼.

"꿩의 암컷은 까투리이고 어린 새끼는 꺼병이라고 부른답니다."

"아하, 꺼병이는 암탉의 병아리나 마찬가지로군요."

🔴순 **길라잡이** : 길을 앞서서 알려 주는 사람이나 안내판 따위.

"다음 산행의 길라잡이는 내가 맡을게."

"암, 그 산의 등산로는 네가 훤히 꿰뚫고 있으니까."

🔴순 **개평** : 노름이나 내기에서 남이 가지게 된 몫에서 조금 얻어 가지는 공것.

"구슬 50개를 다 잃었어. 개평 좀 줘요."

"알았어. 개평은 5개만 줍니다."

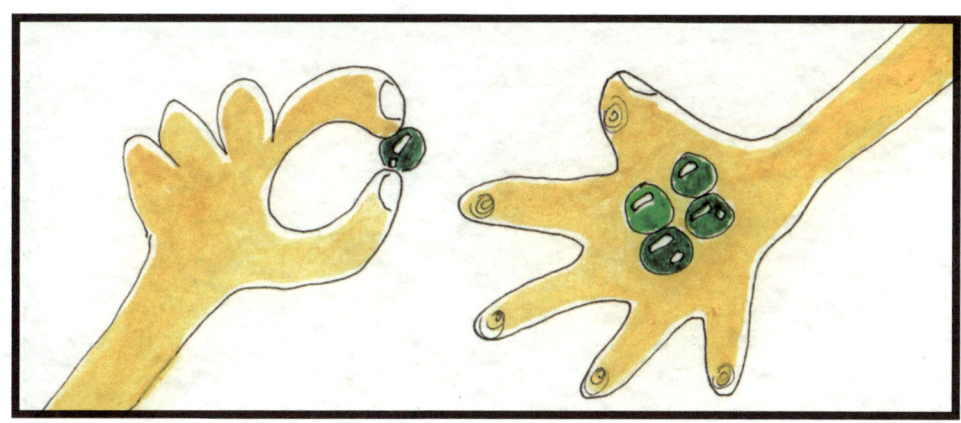

🔴순 **자맥질 :** 물속에서 팔다리를 놀리며 떴다 가라앉았다 하는 짓.

"영수는 자맥질할 때 눈 뜨고 하는 재주를 가졌더라."

"걔는 어릴 때부터 자맥질 선수로 통했어요."

🔴순 **고수머리 :** 곱슬머리. 고불고불하게 말려 있는 머리털. 또는 그런 머리털을 가진 사람.

"머리카락이 고불고불한 것을 고수머리라고 한대."

"우리 학원에 그런 고수머리 선생님이 계셔."

🔴순 **고뿔** : '감기'를 일상적으로 이르는 말.

"올겨울에 유행성 고뿔이 유행할 거래."

"은하는 이미 고뿔에 걸렸다고 하더라고요."

6 생활 철학이 담긴 속담

속담은 예로부터 말로 전해 내려온 쉽고 짧으면서도 소중한 교훈을 담고 있는 말이에요. 사람의 욕심, 어리석음, 부질없는 행위 등을 조리 있게 풍자하여 깨우침을 주는 내용들이 주를 이루지요. 그 속에는 옛 선인들의 지혜와 생활 철학이 담겨 있어요.

우리말 풀이

- **속** **개 발에 편자** : 개 발에 편자(말발굽에 대어 붙이는 'U' 자 모양의 쇳조각)가 어울리지 않듯, 옷차림이나 지닌 물건 따위가 제격에 맞지 아니하여 어울리지 않음을 이르는 말.
- **속** **개밥에 도토리** : 개는 도토리를 먹지 아니하기 때문에 밥 속에 있어도 먹지 아니하고 남긴다는 뜻에서, 따돌림을 받아서 여럿의 축에 끼지 못하는 사람을 비유적으로 이르는 말.
- **속** **그림의 떡** : 아무리 마음에 들어도 이용할 수 없거나 차지할 수 없는 경우를 이르는 말.
- **속** **떡 본 김에 제사 지낸다** : 우연히 운 좋은 기회에, 하려던 일을 해치운다는 말.

🔴 천 리 길도 한 걸음부터

먼 길을 가기 위해서는 먼저 첫걸음부터 떼어야 해요. 아무리 큰일도 그 시작은 작은 것에서부터 시작되죠. 모름지기 일 처리는 차근차근해야 끝을 향해 갈 수 있다는 뜻이에요.

속 서당 개 삼 년이면 풍월을 읊는다

옛날 서당 개는 날마다 아이들이 책 읽는 소리를 들었어요. 개는 그 내용을 전혀 모르지만, 계속 듣다 보니 아이들을 흉내 낼 정도로 짖을 수 있게 되었죠. 이처럼 아무것도 모르던 사람이라도 한 분야에 오래 있다 보면 어느 정도 지식을 얻게 된다는 뜻이에요.

원래 '풍월'은 맑은 바람과 밝은 달을 뜻하는 말인데, 여기에서는 얻어들은 얕은 지식을 뜻해요.

속 세 살 적 버릇이 여든까지 간다

습관의 중요성을 깨우치는 속담이에요. 어릴 때부터 좋은 습관을 길러 두어야 나이 들어서도 올바른 행동을 하게 된다는 의미지요. 어릴 때 밴 버릇은 늙어서도 고치기 어려우므로 나쁜 버릇을 들이지 않도록 조심하라는 뜻이기도 해요.

속 발 없는 말이 천 리 간다

말은 비록 발이 없지만 천 리 밖까지도 순식간에 퍼진다는 뜻으로, 발 없는 말은 '입소문'이라 할 수 있어요. 소문은 달리는 말보다 빠르게 삽시간에 퍼지는 위력을 지니고 있으므로 말을 삼가야 함을 비유적으로 이르는 속담이랍니다.

속 아니 땐 굴뚝에 연기 날까

아궁이에 불을 지피면 반드시 굴뚝에서 연기가 나와요. 이 속담은 어떤 결과에는 분명히 원인이 있다는 것을 말해요.

대개 의심이 드는 내용에 자주 쓰여요. 가령 평소 숙제를 해 오지 않던 친구가 숙제 한 노트를 집에 두고 왔다고 박박 우기면 친구들은 어떻게 생각할까요? 분명 핑계를 댄다고 의심할 거예요. 그럴 때 "네가 숙제를 했을 리가 없어. 아니 땐 굴뚝에 연기 날까."라고 할 수 있어요. 비슷한 속담으로 '뿌리 없는 나무에 잎이 필까.'가 있어요.

속 식칼이 제 자루를 못 깎는다

옛날의 식칼은 고기, 무, 파, 당근뿐만 아니라 나무 등을 깎는 데 요긴하게 사용했어요. 하지만 칼날이 아무리 예리하더라도 절대 자기 칼자루를 다듬을 수 없죠.

이 속담은 자신이 관계된 일은 자신이 하기가 더 어려움을 비유적으로 이르거나 자신의 허물은 자기가 고치기 어려움을 비유적으로 이르는 말이에요.

속 게으른 선비 책장 넘기기

이 속담은 하기 싫은 일을 억지로 하는 사람에게 핀잔을 줄 때 사용해요. 옛 선비의 본분은 글을 읽는 것이었어요. 게으른 선비는 응당 책 읽기를 싫어했기 때문에 건성으로 책장을 넘기게 돼요. 또한 수시로 책을 얼마나 읽고 얼마나 남았는지 두께를 확인하는 버릇이 있죠. 주어진 일을 게을리하면서 시간만 가기를 기다리는 선비 부류의 사람들은 비판의 대상이 되었어요.

속 빈 수레가 요란하다

짐이 가득 실린 수레는 무거워서 구르더라도 큰 소리가 나지 않아요. 그러나 빈 수레는 가벼워서 굴러갈 때마다 덜커덕덜커덕 소리가 크게 나요. 이 속담의 의미는 아는 것도 별로 없는 사람이 실속 없이 떠벌이거나 잘난 체할 때 사용해요.

속 가는 날이 장날이다

뜻하지 않게 좋은 일이 생기거나 나쁜 일이 생기는 경우를 말해요. 가령, 약재를 사려는 중이었는데 그날에 장이 선다면 좋은 일이 돼요. 그와 반대로 장에 갔지만 사려던 약재가 모두 팔려 버렸다면 허튼일이 되고 말죠. 이 속담은 주로 일이 틀어졌을 경우를 빗대어 사용해요.

속 물은 건너 보아야 알고 사람은 지내 보아야 안다

물이 깊고 얕은지 건너 보아야 아는 것처럼 사람도 겉만 보고는 알 수 없음을 뜻해요. 사람끼리는 자주 만나면서 겪어 봐야 상대방의 생각이나 의중의 깊이를 알 수 있지요. 비슷한 속담으로 '대천 바다도 건너 봐야 안다.'가 있어요.

속 겨울바람이 봄바람보고 춥다 한다

겨울바람은 봄바람보다 훨씬 차고 거칠어요. 그런 겨울바람이 봄바람에게 춥다고 하소연하는 것은 순전히 악의적인 엄살이죠. 이는 큰 허물을 가진 자가 자기보다 작은 약점을 가진 자를 나무라는 데서 나온 말이에요. 비슷한 속담으로 '똥 묻은 개가 겨 묻은 개 나무란다.'가 있어요.

속 가는 말이 고와야 오는 말이 곱다

남에게 모범 되는 일이나 좋은 말을 해야 내게도 그에 따른 보답이 오게 돼요. 사람 사이의 관계에서는 서로 좋은 인상을 남겨야 피차 손해 볼 일이 생기지 않는 법이죠.

속 저승길과 뒷간은 대신 못 간다

죽는 것과 화장실에 가는 것은 남이 해 줄 수 없는 일이에요. 자기에게 닥친 일은 스스로 처리해야 문제를 해결할 수 있다는 뜻이죠.

속 기와 한 장 아끼다가 대들보 썩힌다

지붕에 기와 한 장이 빠지면 빗물이 새요. 그 빗물은 기둥을 받쳐 주는 대들보를 썩게 하여 나중에 집을 폭삭 주저앉혀 버려요.

이 속담은 아주 작은 것을 인색하게 아끼다 오히려 큰 재물을 잃게 된다는 뜻이에요. 사소한 지출이라도 알맞은 때와 꼭 알맞은 자리에 아끼지 말고 사용해야 함을 강조하고 있지요.

속 굼벵이도 구르는 재주가 있다

아무리 보잘것없는 사람이라도 남들에게 이목을 끄는 행동을 하여 관심을 받게 된다는 뜻이에요. 굼벵이의 재주는 훌륭한 것이 아니라 비웃음거리 대상이죠. 별 능력이 없는 사람이 어쩌다 사람들의 눈요기가 되어 부질없는 관심을 받는 모양새입니다.

무능한 사람도 한 가지 재주는 있음을 비유적으로 이르는 말이기도 해요.

국어 관련 상식 퀴즈

01. '의성어'는 사람, 동물, 사물의 소리를 흉내 내어 표현한 말이에요.
(◯, ×)

02. 의성어를 사용하면 내용을 더욱 재미있고 실감 나게 표현할 수 있어요.
(◯, ×)

03. ＿＿＿＿＿＿＿는 사람, 동물, 사물의 생김새나 움직임을 그럴듯하게 흉내 낸 말이에요.

04. 의성어와 의태어는 문장 속에서 읽기 좋게 리듬감을 살려 줘요. (◯, ×)

05. 연방 엎치었다가 뒤치었다가 하는 모양을 나타낸 말인 '엎치락뒤치락'은 ＿＿＿＿＿＿＿으로 바꿔 쓸 수 있어요.

06. 동형어란, 동음이의어(소리는 같으나 뜻이 다른 낱말)의 또 다른 말이에요. (◯, ×)

07. 동형어는 소리가 같고, 낱말의 뜻도 서로 관련이 있어요. (◯, ×)

08. ＿＿＿＿＿＿＿는 두 개 이상의 낱말이 합쳐져 본래의 말뜻과는 전혀 다르게 새로운 뜻으로 굳어져서 쓰이는 단어나 구절을 말해요.

09. 눈에 넣어도 아프지 않다라는 말은 '매우 귀엽다'는 뜻의 관용어예요.
(◯, ×)

10. 음식을 적게 먹거나 가려서 먹는 사람을 보고, '입이 길다'고 해요.
(◯, ×)

11. 미역국을 먹다는 관용어는 비유적으로 시험에서 떨어졌다는 걸 의미해요. (◯, ×)

12. 순우리말은 예로부터 우리나라 사람들이 써 온 말로, 우리말 중에서 고유어만을 이르기도 하고, 넓은 범위로 사투리까지 포함되기도 해요. (◯, ×)

13. 힘든 일을 서로 거들어 주면서 품을 지고 갚고 하는 일을 뜻하는 순우리말은 .... 예요.

14. 길을 앞서서 알려 주는 사람이나 안내판 따위를 뜻하는 순우리말은 덤터기예요. (○, ×)

15. 속담은 예로부터 말로 전해 내려온 쉽고 짧으면서도 소중한 교훈을 담고 있는 말이에요. (○, ×)

16. 세 살 적 버릇이 .... 까지 간다.

17. '발 없는 말이 천 리 간다.'는 속담은 말은 비록 발이 없지만 천 리 밖까지도 순식간에 퍼진다는 뜻이에요. (○, ×)

18. '아니 땐 굴뚝에 연기 날까'와 비슷한 속담으로 '대천 바다도 건너 봐야 안다.'가 있어요. (○, ×)

19. 겨울바람이 .... 보고 춥다 한다.

20. '기와 한 장 아끼다가 대들보 썩힌다.'는 속담은 아주 작은 것을 인색하게 아끼다 오히려 큰 재물을 잃게 된다는 뜻이에요. (○, ×)

정답
01 ○ 02 ○ 03 의태어 04 ○ 05 뒤치락엎치락 06 ○ 07 × 08 관용어
09 ○ 10 × 11 ○ 12 ○ 13 품앗이 14 × 15 ○ 16 여든 17 ○
18 × 19 봄바람 20 ○